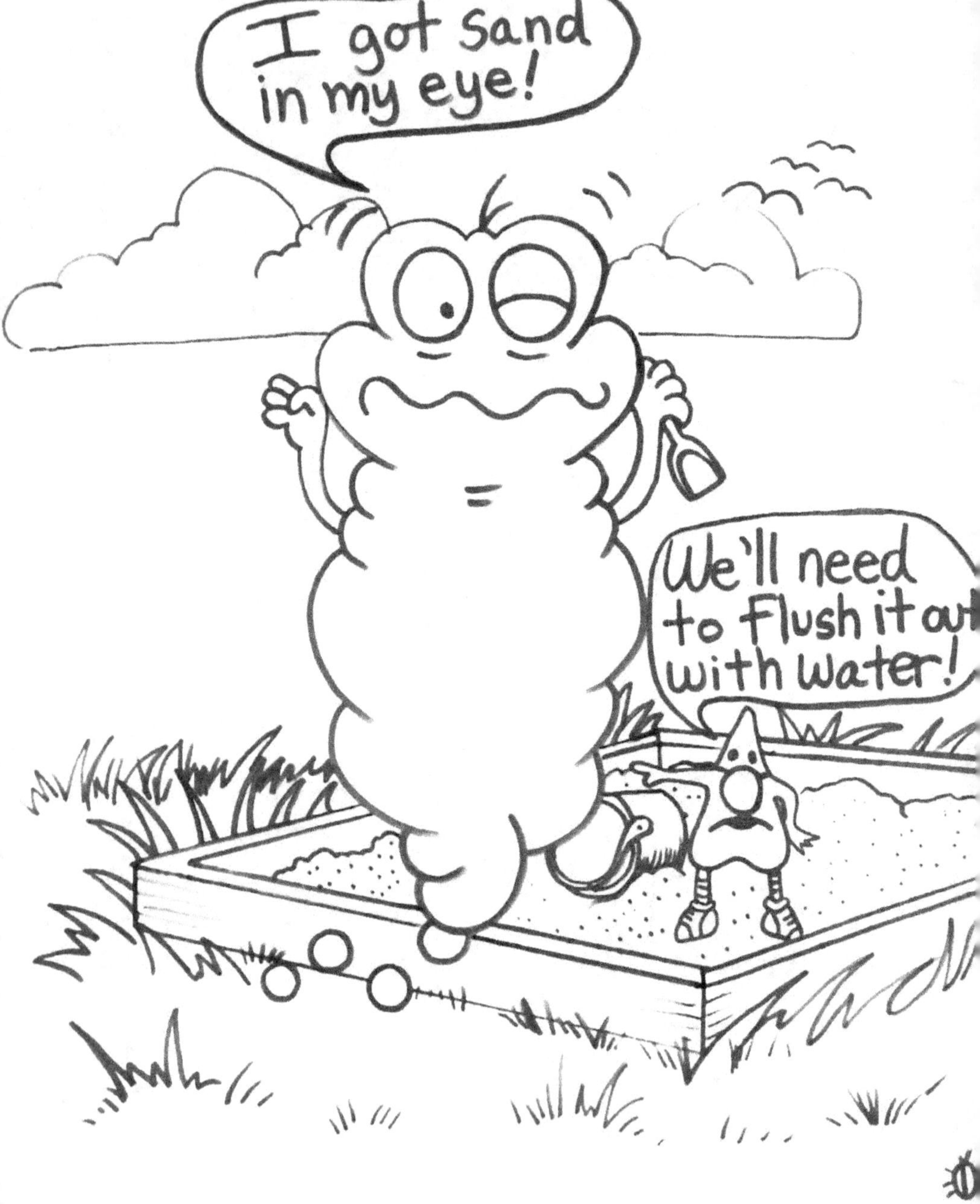
I got sand in my eye!
We'll need to flush it ou with water!

Ew! It smells yucky in here!
I smell ga Let's leave the room a CALL 911

There is a weird Smelly Smoke Coming in from the garage!
It's Smoke from the car! Lets go and get help!

Bzzz
Bzzz
Ouch! I got Stung by a Bee!
Bzzz
Bzzz
Bzzz
Bzzz
Your hand is Swollen! You're allergic to bees! I'll call 911!

Other Scary Problems

There is a TORNADO coming our way!
We need to get away from the window and hide!

There is a real bad Storm outside!
The Storm will not hurt us if we do the right things!

Why are those plastic things on there?
They are fo
Safety! I
is dangerous
to Stick an
thing in the
except for plu

Will you help me unscramble these home poisons?

Attic
1. tabhlmasl
2. tar opison

Bedroom
3. lani phisol
4. kaem pu
5. mufpeer
6. ndah toolin

Bathroom
7. hotot satep
8. tumho whas
9. ispll
10. spoomha

Garage
11. ewed lelrik
12. itpan
13. linogesa
14. higlert liduf

Kitchen
15. shid apso
16. roolf xwa
17. lecbha
18. enip loi

1. _____
2. _____
3. _____
4. _____
5. _____
6. _____
7. _____
8. _____
9. _____
10. _____
11. _____
12. _____
13. _____
14. _____
15. _____
16. _____
17. _____
18. _____

Answers: 1. mothballs 2. rat poison 3. nail polish 4. make up 5. perfume 6. hand lotion 7. tooth paste 8. mouth wash 9. pills 10. shampoo 11. weed killer 12. paint 13. gasoline 14. lighter fluid 15. dish soap 16. floor wax 17. bleach 18. pine oil

Circle the POISON Words

There are 20 poisonous substances hidden here. Can you find and circle them?

S	T	Z	P	E	R	F	U	M	E	P
H	O	L	L	Y	B	E	R	R	Y	A
A	A	S	P	O	L	I	S	H	B	I
M	D	O	A	L	C	O	H	O	L	N
P	S	A	C	I	G	A	R	A	I	T
O	T	P	L	O	N	Z	P	X	Q	T
O	O	G	A	S	P	I	R	I	N	H
J	O	K	E	R	O	S	E	N	E	I
F	L	O	W	E	R	S	W	A	X	N
D	Y	E	S	B	L	E	A	C	H	N
P	L	A	N	T	S	V	G	L	U	E
P	I	L	L	S	A	L	E	A	D	R
A	M	M	O	N	I	A	S	S	Y	Z

KEY:
- lye
- dye
- wax
- glue
- shampoo
- flowers
- plants
- ammonia
- paint thinner
- holly berry
- toadstool
- alcohol
- cigar
- pills
- aspirin
- polish
- soap
- bleach
- perfume
- kerosene

www.ingramcontent.com/pod-product-compliance
Lightning Source LLC
Chambersburg PA
CBHW050449010526
44118CB00013B/1755